skule - school	2
reise - reis	5
transport - transport	8
by - stad	10
landskap - landschap	14
restaurant - restaurant	17
matbutikk - supermarkt	20
drikkevarer - drankjes	22
mat - eten	23
bondegard - boerderij	27
hus - huis	31
stove - woonkamer	33
kjøken - keuken	35
bad - badkamer	38
barnerom - kinderkamer	42
klede - kleding	44
kontor - kantoor	49
økonomi - economie	51
yrker - beroepen	53
verktøy - werktuigen	56
musikkinstrument - muziekinstrumenten	57
dyrehage - zoo	59
sport - sporten	62
aktivitetar - activiteiten	63
familie - familie	67
kropp - lichaam	68
sykehus - ziekenhuis	72
naudsituasjon - noodgeval	76
jorda - aarde	77
klokke - klok	79
veke - week	80
år - jaar	81
former - vormen	83
fargar - kleuren	84
motsetnader - tegengestelden	85
tal - cijfers	88
språk - Talen	90
kven / kva / korleis - wie / wat / hoe	91
kvar - waar	92

Impressum
Verlag: BABADADA GmbH, Nedderfeld 112 , 22529 Hamburg
Geschäftsführer / Verlagsleitung: Harald Hof
Druck: Books on Demand GmbH, In de Tarpen 42, 22848 Norderstedt

Imprint
Publisher: BABADADA GmbH, Nedderfeld 112 , 22529 Hamburg, Germany
Managing Director / Publishing direction: Harald Hof
Print: Books on Demand GmbH, In de Tarpen 42, 22848 Norderstedt

skule
school

ransel
schooltas

pennal
pennenzak

blyant
potlood

blyantspissar
puntenslijper

viskelær
gom

teikneblokk
tekenblok

teikning
tekening

pensel
verfborstel

målarskrin
verfdoos

saks
schaar

lim
lijm

arbeidsbok
werkboek

lekse
huiswerk

tal
nummer

addere
optellen

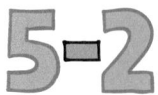
subtrahere
aftrekken

multiplisere
vermenigvuldigen

rekne
rekenen

bokstav
letter

alfabet
alfabet

ord
woord

skule - school

tekst
tekst

lese
Lezen

krit
krijt

skuletime
les

klassebok
klassenboek

eksamen
examen

vitnemål
certificaat

skuleuniform
schooluniform

utdanning
onderwijs

leksikon
encyclopedie

universitet
universiteit

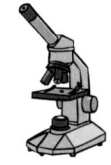
mikroskop
microscoop

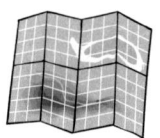
kart
kaart

papirkorg
papiermand

skule - school

reise
reis

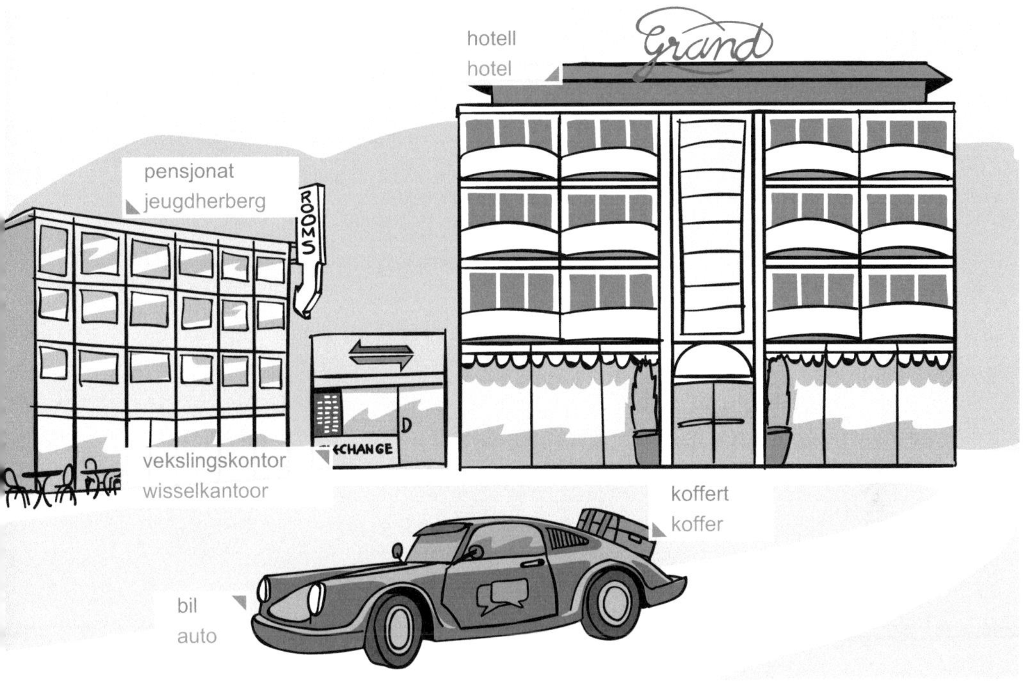

hotell
hotel
Grand
pensjonat
jeugdherberg
ROOMS
EXCHANGE
vekslingskontor
wisselkantoor
koffert
koffer
bil
auto

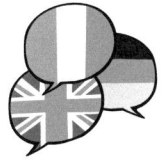

språk

Taal

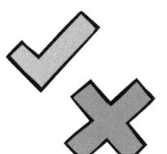

ja / nei

ja / nee

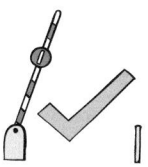

okay

oké

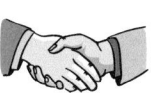

Hei

hallo

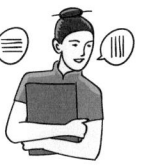

tolk

vertaler

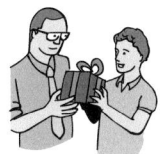

takk skal du ha

bedankt

Kva kostar...?
Hoeveel kost …?

Eg forstår ikkje
Ik begrijp het niet

problem
probleem

God kveld!
Goedenavond!

God morgon!
Goedemorgen!

God natt!
Goedenavond!

ha det bra
Tot ziens

retning
richting

bagasje
bagage

veske
zak

ryggsekk
rugzak

gjest
gast

rom
kamer

sovepose
slaapzak

telt
tent

reise - reis

turistinformasjon
toeristeninformatie

strand
strand

kredittkort
kredietkaart

frukost
ontbijt

lunsj
lunch

middag
avondeten

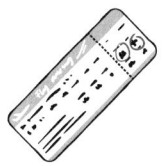
billett
ticket

heis
lift

stempel
postzegel

grense
grens

toll
douane

ambassade
ambassade

visum
visum

pass
paspoort

transport
transport

fly
vliegtuig

skip
schip

brannbil
brandweerwagen

lastebil
vrachtwagen

buss
bus

motorbåt
motorboot

bil
auto

sykkel
fiets

ferje
veerboot

båt
boot

motorsykkel
motor

politibil
politiewagen

racerbil
racewagen

leiebil
huurauto

8   transport - transport

bilkollektiv
carpoolen

bergingsbil
sleepwagen

søppelbil
vuilniswagen

motor
motor

drivstoff
benzine

bensinstasjon
benzinestation

trafikkskilt
verkeersbord

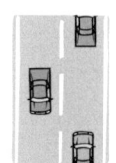

trafikk
verkeer

trafikkork
file

parkeringsplass
parkeerplaats

togstasjon
station

skine
sporen

tog
trein

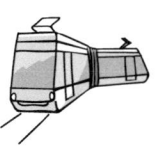

trikk
tram

vogn
wagon

helikopter	flyplass	tårn
helikopter	luchthaven	toren

 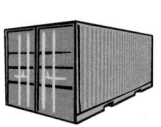 

passasjer	konteinar	kartong
passagier	container	karton

tralle	kurv	starte / lande
kar	mand	opstijgen / landen

by
stad

landsby	sentrum	hus
dorp	stadscentrum	huis

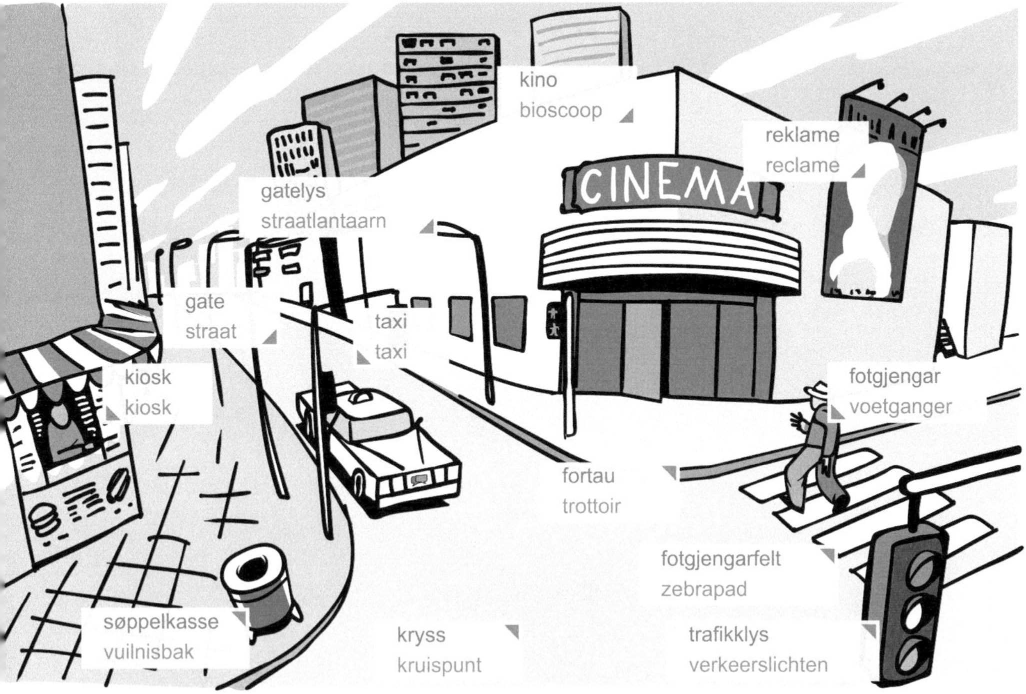

kino
bioscoop

reklame
reclame

gatelys
straatlantaarn

gate
straat

taxi
taxi

fotgjengar
voetganger

kiosk
kiosk

fortau
trottoir

fotgjengarfelt
zebrapad

søppelkasse
vuilnisbak

kryss
kruispunt

trafikklys
verkeerslichten

hytte
hut

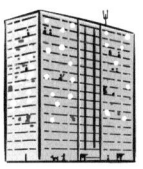

leilegheit
woning

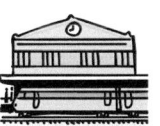

togstasjon
station

rådhus
stadshuis

museum
museum

skule
school

by - stad

universitet
universiteit

bank
bank

sykehus
ziekenhuis

hotell
hotel

apotek
apotheek

kontor
kantoor

bokhandel
boekwinkel

butikk
winkel

blomsterbutikk
bloemenwinkel

matbutikk
supermarkt

marknad
markt

varehus
warenhuis

fiskehandlar
vishandelaar

kjøpesenter
winkelcentrum

hamn
haven

by - stad

park
park

benk
bank

bro
brug

trapp
trap

t-bane
metro

tunnel
tunnel

busstopp
bushalte

bar
bar

restaurant
restaurant

postkasse
brievenbus

gateskilt
straatnaambord

parkometer
parkeermeter

dyrehage
zoo

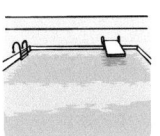
svømmebasseng
zwembad

moské
moskee

by - stad

bondegard   miljøforurensing   kyrkjegard
boerderij   milieuverontreiniging   kerkhof

kyrkje   leikeplass   tempel
kerk   speelplaats   tempel

landskap
landschap

- vegvisar / wegwijzer
- blad / blad
- veg / weg
- eng / weide
- stein / steen
- tre / boom
- turgåar / wandelaar
- elv / rivier
- gras / gras
- blome / bloem

dal
vallei

fjell
heuvel

innsjø
meer

skog
bos

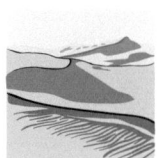
ørken
woestijn

vulkan
vulkaan

slott
kasteel

regnboge
regenboog

sopp
paddenstoel

palmetre
palmboom

mygg
mug

fluge
vlieg

maur
mier

bie
bijl

edderkopp
spin

landskap - landschap

| bille | frosk | ekorn |
| kever | kikker | eekhoorn |

| piggsvin | hare | ugle |
| egel | haas | uil |

| fugl | svane | villsvin |
| vogel | zwaan | wild zwijn |

| hjort | elg | demning |
| hert | eland | dam |

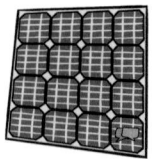

| vindturbin | solcellepanel | klima |
| windturbine | zonnepaneel | klimaat |

landskap - landschap

restaurant
restaurant

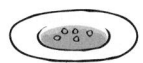

forrett
voorgerecht

hovudrett
hoofdgerecht

dessert
nagerecht

drikkevarer
drankjes

mat
eten

flaske
fles

hurtigmat
fastfood

gatemat
street food

tekanne
theepot

sukkerskål
suikerpot

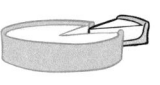
porsjon
portie

espressomaskin
espressomachine

barnestol
kinderstoel

rekning
rekening

brett
dienblad

kniv
mes

gaffel
vork

skei
lepel

teskei
theelepel

serviett
serviette

glas
glas

tallerken
bord

suppetallerken
soepbord

skål
schoteltje

saus
saus

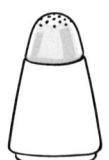

saltbøsse
zoutvatje

pepparkvern
pepermolen

eddik
azijn

olje
olie

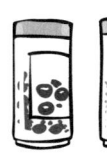

krydder
kruiden

ketsjup
ketchup

sennep
mosterd

majones
mayonaise

matbutikk
supermarkt

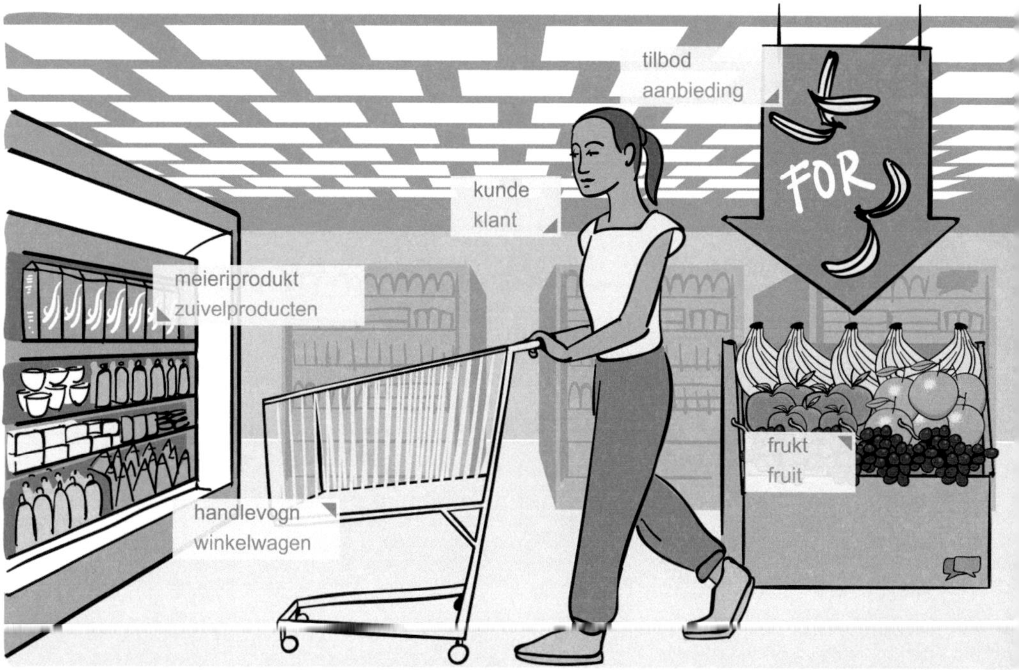

tilbod
aanbieding
FOR
kunde
klant
meieriprodukt
zuivelproducten
frukt
fruit
handlevogn
winkelwagen

BUTCHERS

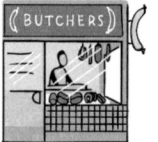

slaktar

slagerij

BAKERY

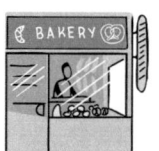

bakeri

bakkerij

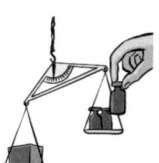

vege

wegen

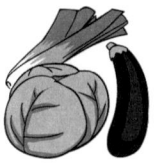

grønnsaker

groenten

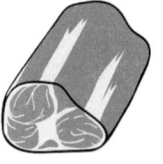

kjøtt

vlees

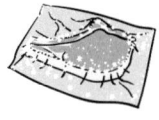

frysevarer

diepvriesvoedsel

oppskore pålegg

charcuterie

hermetikk

conserven

vaskepulver

waspoeder

godteri

snoep

hushaldningsprodukt

huishoudproducten

reingjeringsmiddel

schoonmaakproducten

butikkmedarbeidar

verkoopster

kassaapparat

kassa

kasserar

kassier

handleliste

boodschappenlijstje

opningstider

openingstijden

lommebok

portefeuille

kredittkort

kredietkaart

veske

tas

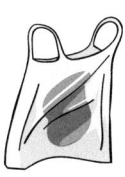

plastpose

plastieken zakje

matbutikk - supermarkt

drikkevarer
drankjes

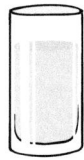

vatn
water

juice
sap

mjølk
melk

cola
cola

vin
wijn

øl
bier

alkohol
alcohol

kakao
cacao

te
thee

kaffi
koffie

espresso
espresso

cappuccino
cappuccino

mat
eten

banan
banaan

eple
appel

appelsin
sinaasappel

melon
meloen

sitron
citroen

gulrot
wortel

kvitlauk
knoflook

bambus
bamboe

løk
ajuin

sopp
champignon

nøtter
noten

nudlar
noodles

spagetti
spaghetti

ris
rijst

salat
salade

pommes frites
frieten

steikte poteter
gebakken aardappelen

pizza
pizza

hamburger
hamburger

sandwich
sandwich

kotelett
kalfslapje

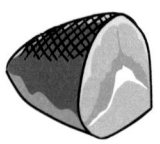
skinke
ham

salami
salami

pølse
worst

kylling
kip

steik
braden

fisk
vis

havregryn
havervlokken

müsli
muesli

cornflakes
cornflakes

mjøl
bloem

croissant
croissant

rundstykke
pistolet

brød
brood

rista brød
toast

kjeks
koekjes

smør
boter

kvarg
kwark

kake
taart

egg
ei

speilegg
spiegelei

ost
kaas

iskrem	sukker	honning
ijs	suiker	honing

syltetøy	sjokoladepålegg	karri
confituur	choco	curry

bondegard
boerderij

våningshus
boerderij

låve
schuur

halmball
strobaal

åker
veld

hest
paard

tilhengar
aanhangwagen

traktor
tractor

fole
veulen

esel
ezel

sau
schaap

lam
lam

geit
geit

ku
koe

kalv
kalf

gris
varken

grisunge
biggetje

okse
stier

gås
gans

and
eend

kylling
kuiken

høne
kip

hane
haan

rotte
rat

katt
kat

mus
muis

okse
os

hund
hond

hundehus
hondenhok

hageslange
tuinslang

vasskanne
gieter

ljå
zeis

plog
ploeg

bondegard - boerderij

sigd
sikkel

hakke
schoffel

høygaffel
hooivork

øks
bijl

trillebår
kruiwagen

trau
trog

mjølkekanne
melkkan

sekk
zak

gjerde
hek

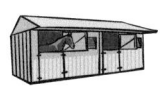
fjøs
stal

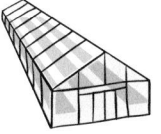
drivhus
broeikas

jord
bodem

frø
zaad

gjødsel
mest

skurtreskar
maaidorser

hauste
oogsten

innhausting
oogst

yams
yam

kveite
tarwe

soja
soja

potet
aardappel

mais
maïs

raps
koolzaad

frukttre
fruitboom

kassava
maniok

korn
graan

bondegard - boerderij

hus
huis

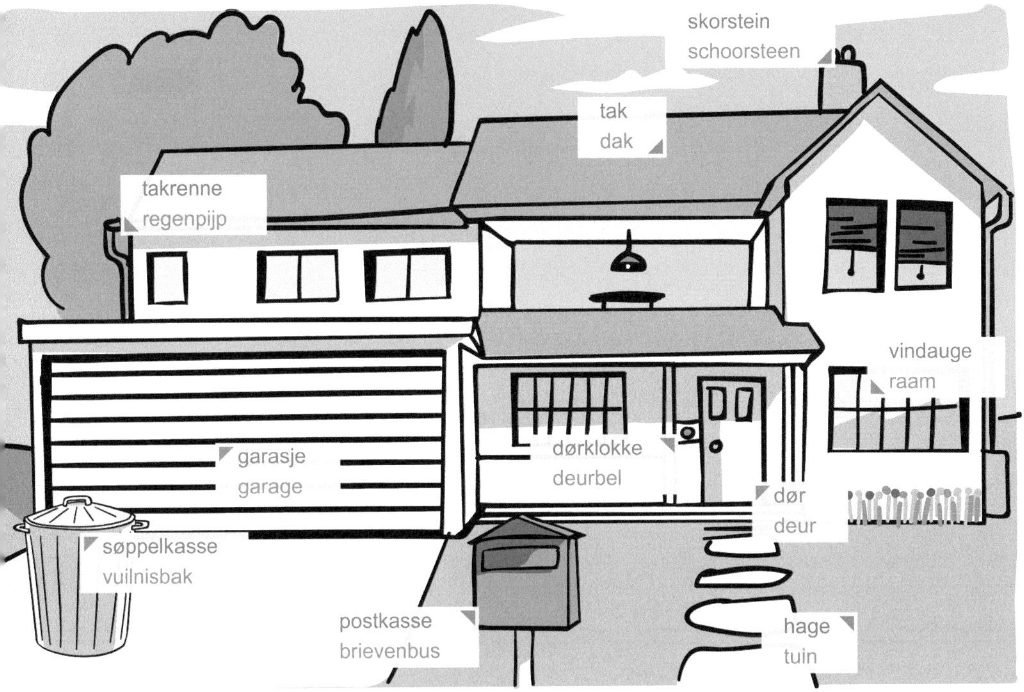

skorstein / schoorsteen
tak / dak
takrenne / regenpijp
vindauge / raam
garasje / garage
dørklokke / deurbel
dør / deur
søppelkasse / vuilnisbak
postkasse / brievenbus
hage / tuin

stove
woonkamer

bad
badkamer

kjøken
keuken

soverom
slaapkamer

barnerom
kinderkamer

spisestove
eetkamer

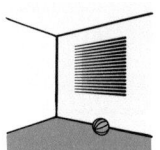
golv
vloer

vegg
muur

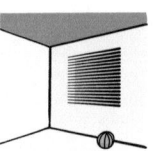
tak
plafond

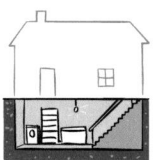
kjellar
kelder

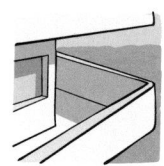
badstove
sauna

balkong
balkon

terrasse
terras

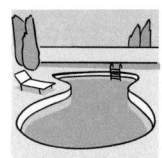
svømmebasseng
zwembad

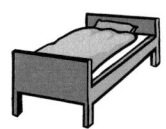
grasklippar
grasmaaier

laken
dekbedovertrek

dyne
dekbed

seng
bed

kost
bezem

bøtte
emmer

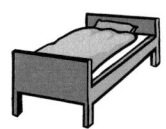
brytar
schakelaar

hus - huis

stove
woonkamer

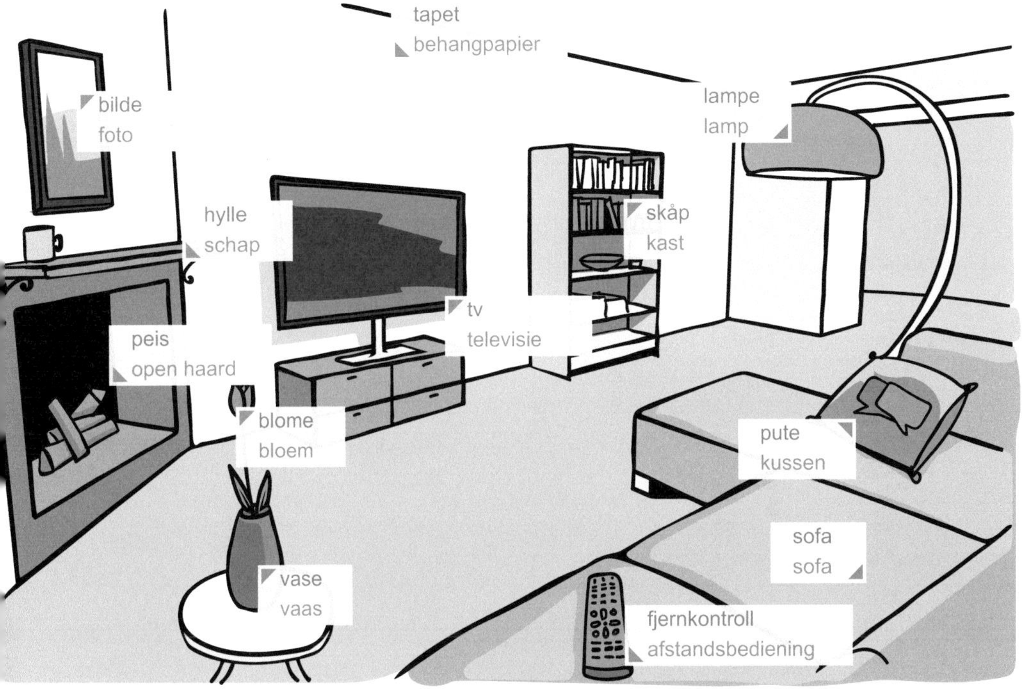

- tapet / behangpapier
- bilde / foto
- lampe / lamp
- hylle / schap
- skåp / kast
- peis / open haard
- tv / televisie
- blome / bloem
- pute / kussen
- vase / vaas
- sofa / sofa
- fjernkontroll / afstandsbediening

golvteppe
mat

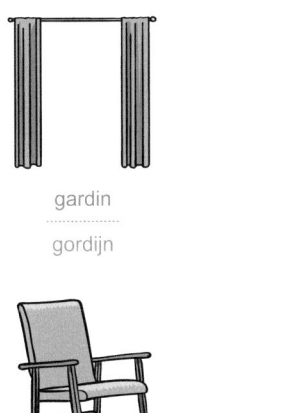
gardin
gordijn

bord
tafel

stol
stoel

gyngestol
schommelstoel

lenestol
fauteuil

bok
boek

teppe
deken

dekorasjon
decoratie

ved
brandhout

film
film

stereoanlegg
stereo-installatie

nøkkel
sleutel

avis
krant

måleri
schilderij

plakat
poster

radio
radio

notatblokk
notitieboekje

støvsugar
stofzuiger

kaktus
cactus

lys
kaars

stove - woonkamer

kjøken
keuken

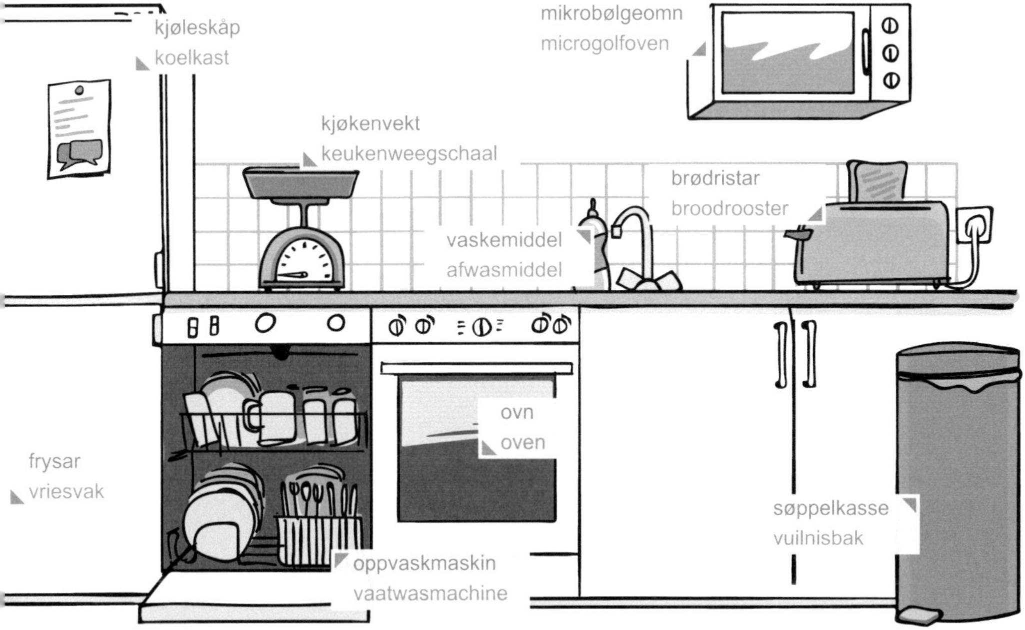

kjøleskåp
koelkast

mikrobølgeomn
microgolfoven

kjøkenvekt
keukenweegschaal

brødristar
broodrooster

vaskemiddel
afwasmiddel

ovn
oven

frysar
vriesvak

søppelkasse
vuilnisbak

oppvaskmaskin
vaatwasmachine

komfyr
fornuis

gryte
pot

jarngryte
gietijzeren pot

wokpanne
wok / kadai

panne
pan

vatnkokar
waterkoker

dampovn
stoomkoker

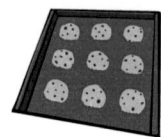
steikebrett
bakplaat

servise
servies

krus
mok

bolle
kom

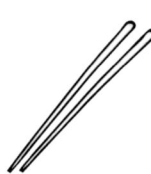
spisepinnar
eetstokjes

ause
pollepel

steikespade
spatel

visp
garde

sil
vergiet

sil
zeef

rivjarn
rasp

mørtel
mortier

grill
barbecue

bål
haardvuur

kjøken - keuken

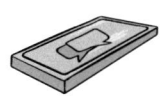
skjærefjøl
snijplank

kjevle
deegrol

korketrekkar
kurkentrekker

boks
blik

boksopnar
blikopener

gryteklut
pannenlap

vask
gootsteen

børste
borstel

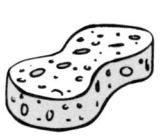
svamp
spons

blender
blender

fryseboks
vriezer

tåteflaske
papfles

kran
kraan

kjøken - keuken 37

bad
badkamer

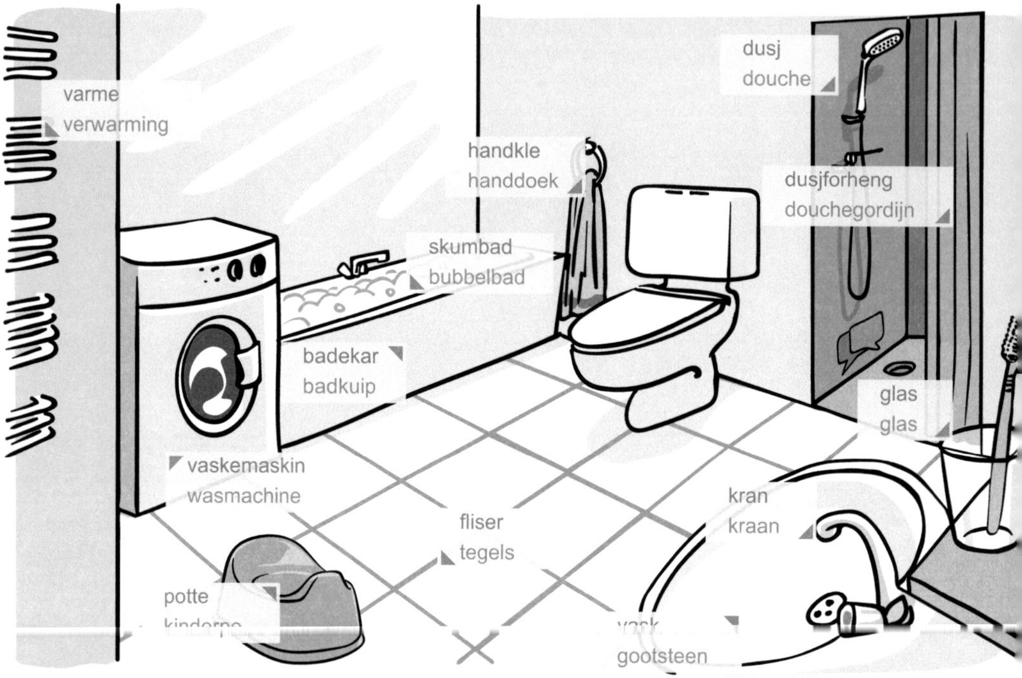

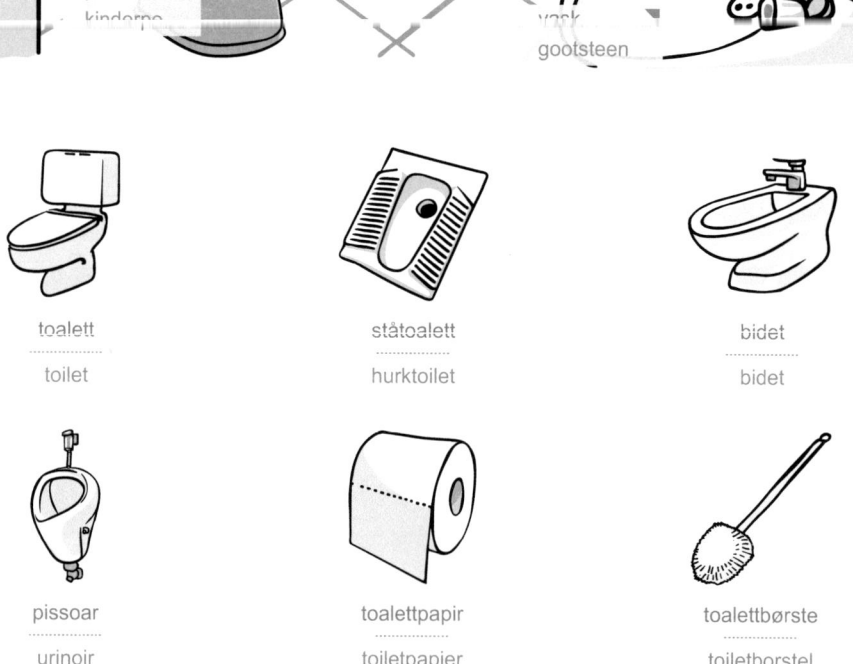

| toalett |ståtoalett | bidet |
| toilet | hurktoilet | bidet |

| pissoar | toalettpapir | toalettbørste |
| urinoir | toiletpapier | toiletborstel |

tannbørste
tandenborstel

tannkrem
tandpasta

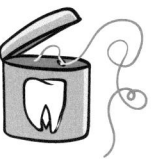
tanntråd
flosdraad

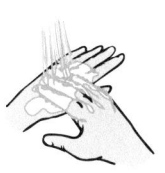
vaske
wassen

handdusj
handdouche

intimdusj
bidethanddouche

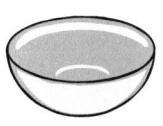
oppvaskbalje
waskom

ryggbørste
rugborstel

såpe
zeep

dusjsåpe
douchegel

sjampo
shampoo

vaskeklut
washandje

avløp
afvoer

krem
crème

deodorant
deodorant

spegel
spiegel

handspegel
handspiegel

barberhøvel
scheermes

barberskum
scheerschuim

barberingsvatn
aftershave

kam
kam

børste
borstel

hårfønar
haardroger

hårspray
haarlak

sminke
make-up

leppestift
lippenstift

naglelakk
nagellak

bomullsdott
watten

naglesaks
nagelknipper

parfyme
parfum

bad - badkamer

toalettmappe

toilettas

krakk

kruk

vekt

weegschaal

badekåpe

badjas

gummihanskar

latex handschoenen

tampong

tampon

sanitetsbind

maandverband

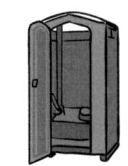

kjemisk toalett

chemisch toilet

barnerom
kinderkamer

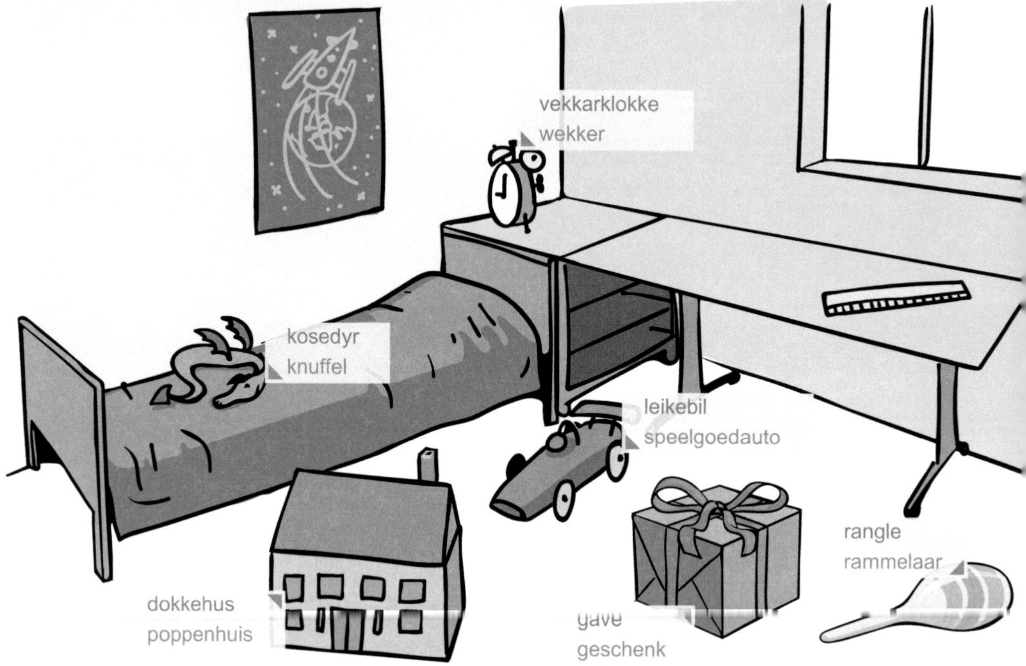

vekkarklokke
wekker

kosedyr
knuffel

leikebil
speelgoedauto

dokkehus
poppenhuis

gave
geschenk

rangle
rammelaar

ballong
ballon

seng
bed

barnevogn
kinderwagen

kortstokk
spel kaarten

puslespel
puzzel

teikneserie
stripboek

legoklossar
legoblokjes

byggjeklossar
blokken

actionfigur
actiefiguur

sparkebukse
kruippakje

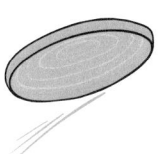
frisbee
frisbee

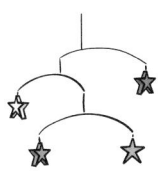
uro
mobiel

brettspel
bordspel

terning
dobbelsteen

togbane
modelspoorweg

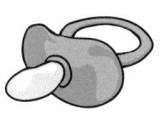
smokk
fopspeen

fest
feest

biletbok
prentenboek

ball
bal

dokke
pop

leike
spelen

barnerom - kinderkamer

sandkasse
zandbak

gynge
schommel

leiketøy
speelgoed

spelekonsoll
spelconsole

trehjulssykkel
driewieler

bamse
knuffelbeer

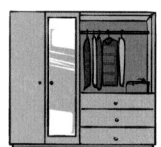
garderobeskåp
kleerkast

klede
kleding

sokker
sokken

strømper
kousen

strømpebukse
maillot

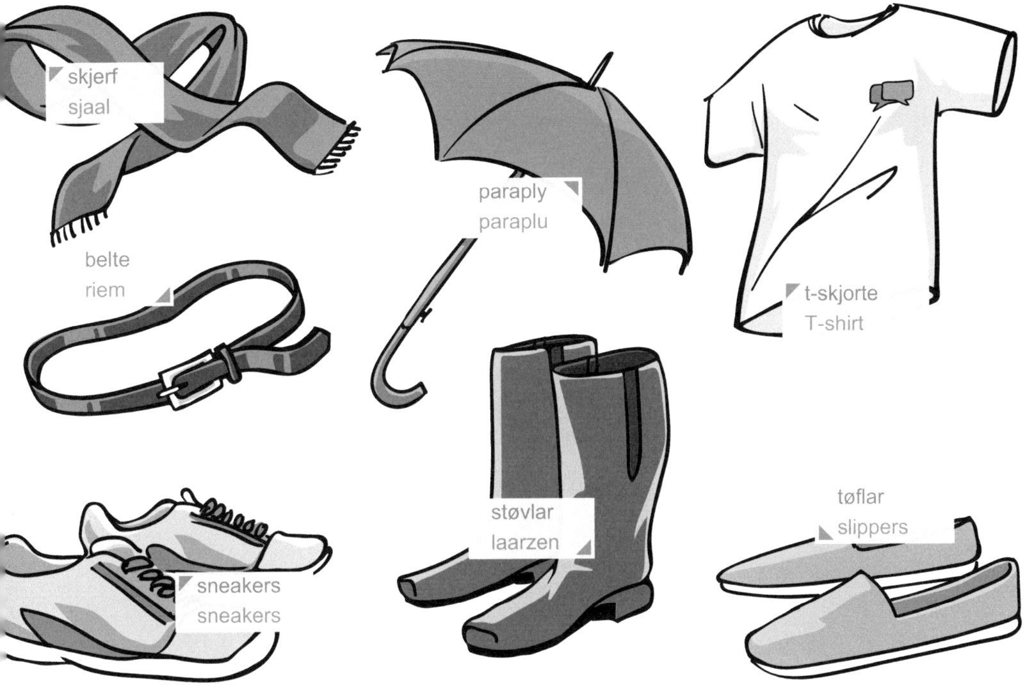

skjerf
sjaal

paraply
paraplu

belte
riem

t-skjorte
T-shirt

støvlar
laarzen

tøflar
slippers

sneakers
sneakers

sandalar
sandalen

sko
schoenen

gummistøvlar
rubberlaarzen

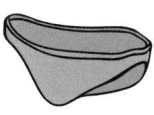

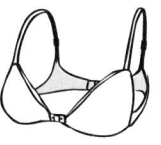

underbukse
onderbroek

BH
beha

undertrøye
onderhemd

klede - kleding

body
lichaam

bukse
broek

dongeribukse
jeans

skjørt
rok

bluse
blouse

skjorte
hemd

genser
trui

hettegenser
capuchontrui

dressjakke
blazer

jakke
jas

kåpe
jas

regnjakke
regenjas

drakt
kostuum

kjole
jurk

brudekjole
trouwjurk

klede - kleding

dress
pak

nattkjole
nachthemd

pyjamas
pyjama

sari
sari

skaut
hoofddoek

turban
tulband

burka
boerka

kaftan
kaftan

abaya
abaya

badedrakt
badpak

badebukse
zwembroek

shorts
short

treningsklede
trainingspak

forkle
schort

hanskar
handschoenen

klede - kleding

knapp
knoop

brille
bril

armband
armband

kjede
ketting

ring
ring

øyredobb
oorbel

lue
pet

kleshengar
kapstok

hatt
hoed

slips
das

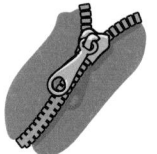
glidelås
rits

hjelm
helm

bukseselar
bretellen

skuleuniform
schooluniform

uniform
uniform

klede - kleding

smekke
slabbetje

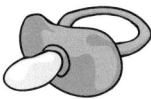
smokk
fopspeen

bleie
luier

kontor
kantoor

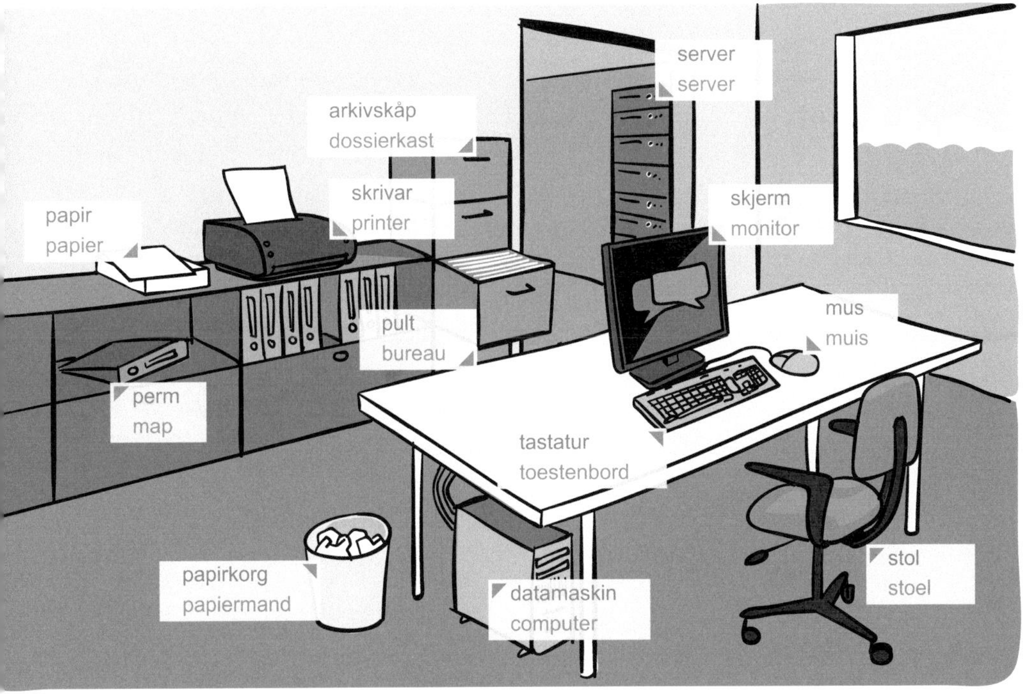

papir / papier

arkivskåp / dossierkast

skrivar / printer

server / server

skjerm / monitor

pult / bureau

mus / muis

perm / map

tastatur / toestenbord

papirkorg / papiermand

datamaskin / computer

stol / stoel

kaffikopp
koffiemok

kalkulator
rekenmachine

internett
internet

bærbar pc	brev	beskjed
laptop	brief	bericht

mobiltelefon	nettverk	kopimaskin
gsm	netwerk	kopieerapparaat

programvare	telefon	stikkontakt
software	telefoon	stopcontact

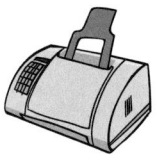 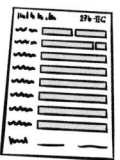 

faksmaskin	skjema	dokument
fax	formulier	document

kontor - kantoor

økonomi
economie

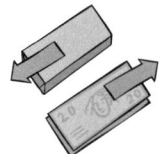
kjøpe
kopen

betale
betalen

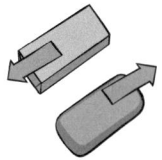
handle
handelen

pengar
geld

dollar
dollar

euro
euro

yen
yen

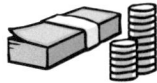
rubel
roebel

sveitserfranc
Zwitserse frank

renminbi
Chinese renminbi

rupi
roepie

minibank
geldautomaat

vekslingskontor
wisselkantoor

gull
goud

sølv
zilver

olje
olie

energi
energie

pris
prijs

kontrakt
contract

avgift
belasting

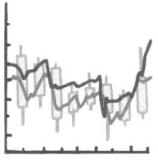

aksje
aandeel

jobbe
werken

tilsett
werknemer

arbeidsgjevar
werkgever

fabrikk
fabriek

butikk
winkel

økonomi - economie

yrker
beroepen

politibetjent / politieagent

brannmann / brandweerman

kokk / kok

lækjar / dokter

pilot / piloot

gartnar
tuinman

snekkar
timmerman

sydame
naaister

dommar
rechter

kjemikar
chemicus

skodespelar
acteur

bussjåfør　　　　taxisjåfør　　　　fiskar
buschauffeur　　taxichauffeur　　visser

vaskedame　　　　taktekkar　　　　kelner
schoonmaakster　　dakdekker　　　　ober

jeger　　　　målar　　　　bakar
jager　　　　schilder　　　bakker

elektrikar　　　bygningsarbeidar　　ingeniør
elektricien　　bouwvakker　　　　　ingenieur

slaktar　　　røyrleggjar　　postbud
slager　　　loodgieter　　　postbode

yrker - beroepen

soldat
soldaat

arkitekt
architect

kasserar
kassier

blomsterhandlar
bloemist

frisør
kapper

konduktør
conducteur

mekanikar
mecanicien

kaptein
kapitein

tannlege
tandarts

forskar
wetenschapper

rabbi
rabbijn

imam
imam

monk
monnik

prest
geestelijke

verktøy
werktuigen

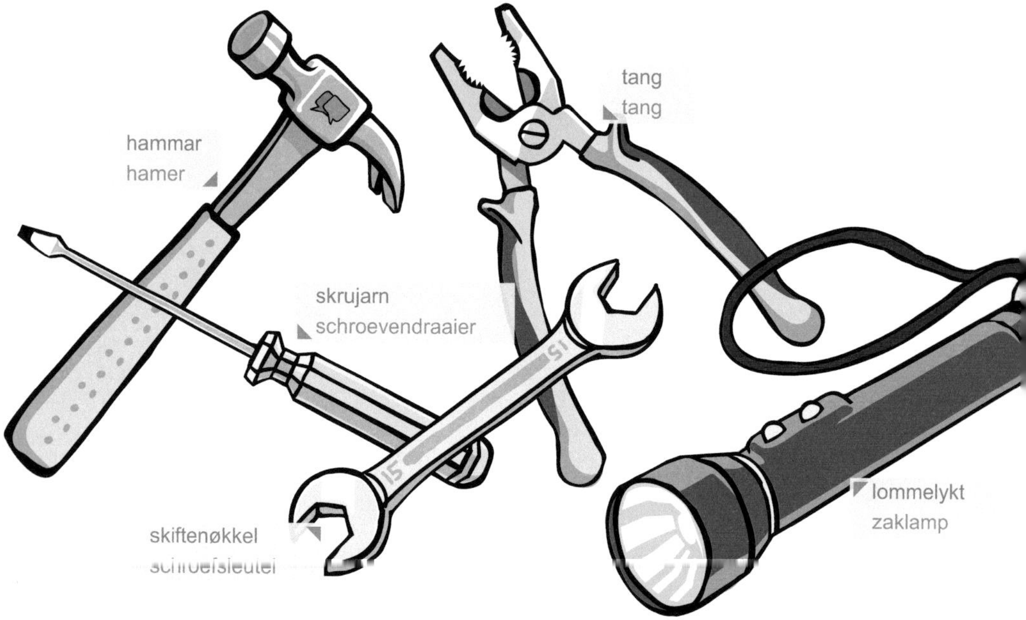

hammar
hamer

tang
tang

skrujarn
schroevendraaier

skiftenøkkel
schroefsleutel

lommelykt
zaklamp

gravemaskin
graafmachine

verktøykasse
gereedschapskoffer

stige
ladder

sag
zaag

spikar
spijkers

bor
boormachine

reparere

repareren

spade

schop

Søren!

Verdomme!

feiebrett

blik

målingsspann

verfpot

skruar

schroeven

musikkinstrument
muziekinstrumenten

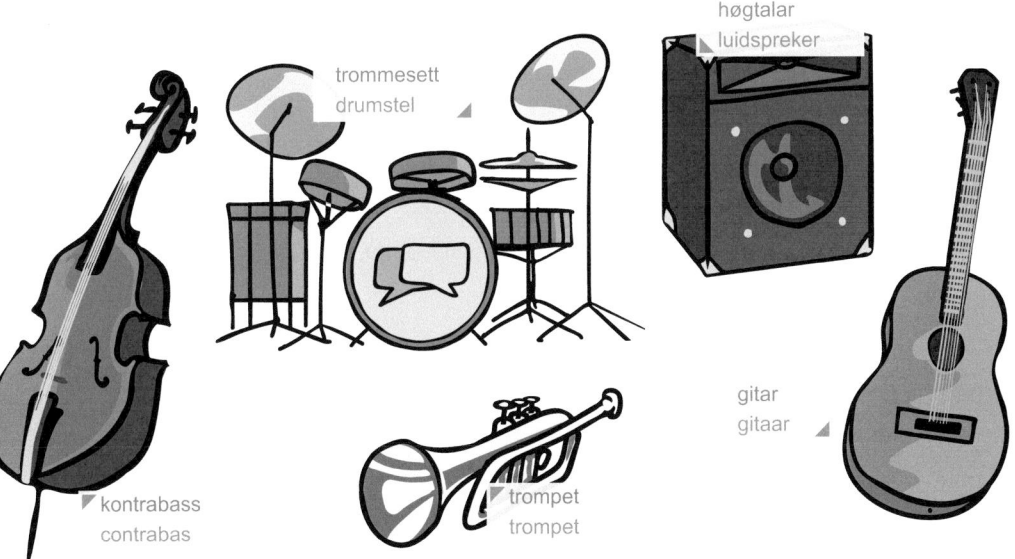

høgtalar / luidspreker

trommesett / drumstel

kontrabass / contrabas

trompet / trompet

gitar / gitaar

piano
piano

fiolin
viool

bass
basgitaar

pauke
pauk

trommer
trommels

keyboard
keyboard

saksofon
saxofoon

fløyte
fluit

mikrofon
microfoon

musikkinstrument - muziekinstrumenten

dyrehage
zoo

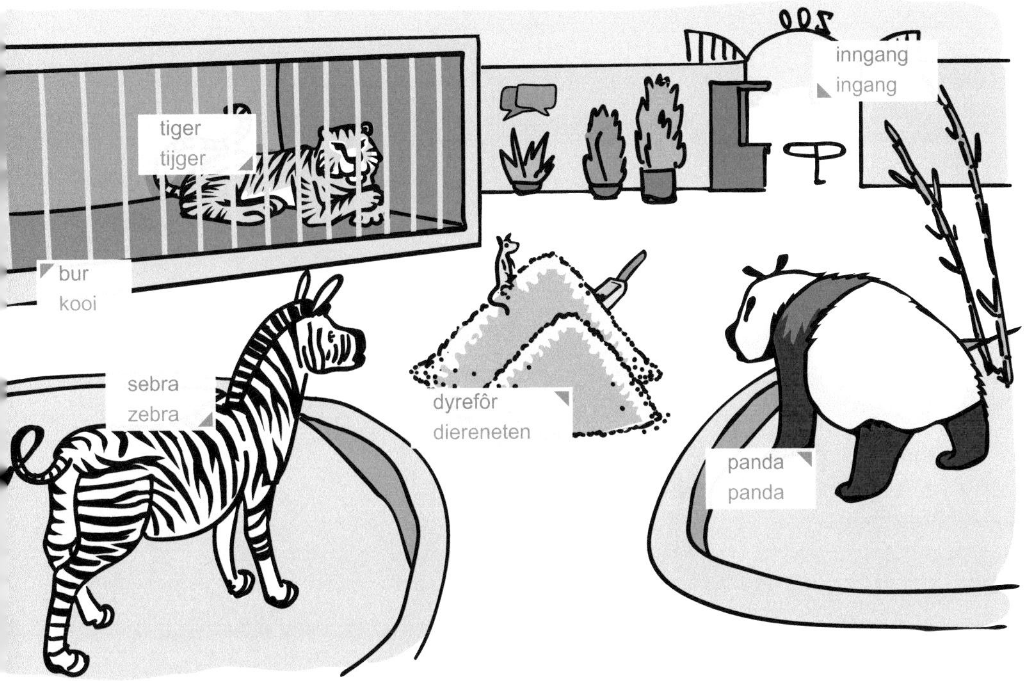

- inngang / ingang
- tiger / tijger
- bur / kooi
- sebra / zebra
- dyrefôr / diereneten
- panda / panda

dyr
dieren

elefant
olifant

kenguru
kangoeroe

nashorn
neushoorn

gorilla
gorilla

bjørn
beer

kamel
kameel

struts
struisvogel

løve
leeuw

ape
aap

flamingo
flamingo

papegøye
papegaai

isbjørn
ijsbeer

pingvin
pinguïn

hai
haai

påfugl
pauw

slange
slang

krokodille
krokodil

dyrepassar
dierenverzorger

sel
zeehond

jaguar
jaguar

ponni
pony

leopard
luipaard

flodhest
nijlpaard

giraff
giraffe

ørn
adelaar

villsvin
wild zwijn

fisk
vis

skilpadde
zeeschildpad

kvalross
walrus

rev
vos

gaselle
gazelle

sport
sporten

ha / hebben	gjere / doen	vere / zijn

stå / staan	løpe / lopen	dra / trekken

kaste / gooien	falle / vallen	ligge / liggen

vente / wachten	bære / dragen	sitje / zitten

kle på seg / aankleden	sove / slapen	vakne / ontwaken

aktivitetar - activiteiten

sjå på

kijken naar

gråte

wenen

stryke

aaien

kjemme

kammen

snakke

praten

forstå

begrijpen

spørje

vragen

høyre

luisteren

drikke

drinken

ete

eten

rydde

opruimen

elske

houden van

lage mat

koken

køyre

rijden

flyge

vliegen

aktivitetar - activiteiten

segle zeilen	rekne rekenen	lese Lezen

lære leren	jobbe werken	gifte seg trouwen
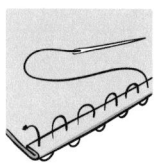	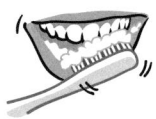	
sy naaien	pusse tenner tandenpoetsen	drepe doden

røykje roken	sende sturen	

aktivitetar - activiteiten

familie
familie

bestemor / grootmoeder

bestefar / grootvader

far / vader

mor / moeder

baby / baby

dotter / dochter

son / zoon

gjest
gast

tante
tante

onkel
oom

bror
broer

søster
zus

kropp
lichaam

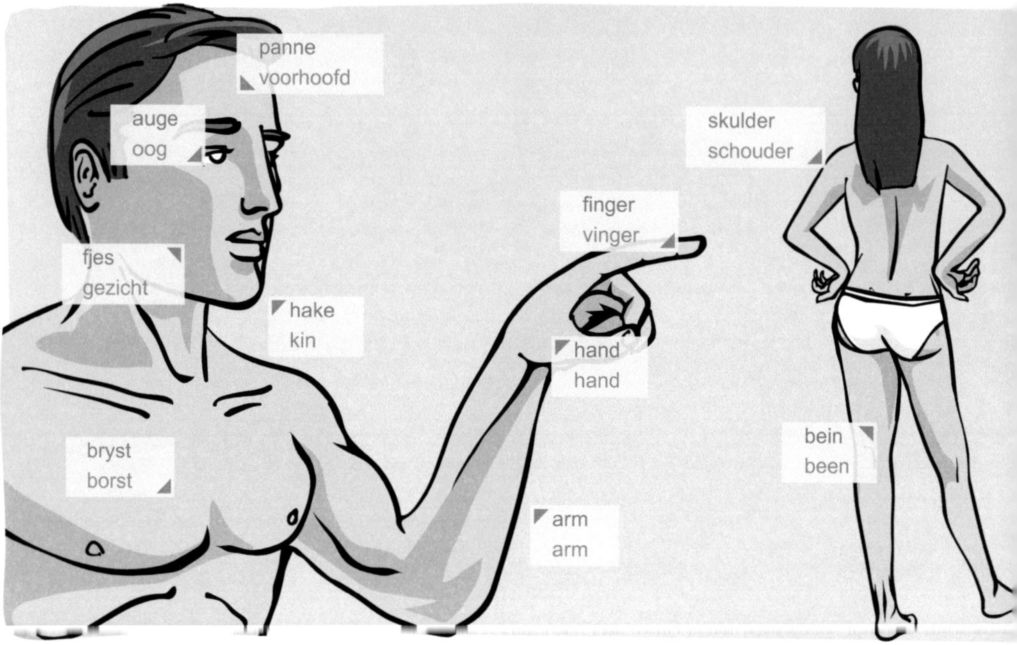

panne
voorhoofd

auge
oog

skulder
schouder

finger
vinger

fjes
gezicht

hake
kin

hand
hand

bryst
borst

bein
been

arm
arm

~~baby~~
baby

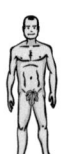

~~mann~~
man

~~kvinne~~
vrouw

jente
meisje

gut
jongen

hovud
hoofd

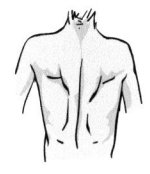

rygg
rug

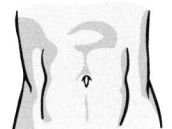

mage
buik

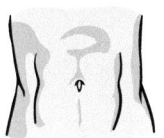

navle
navel

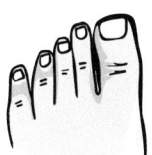

tå
teen

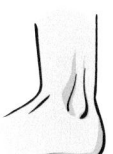

hæl
hiel

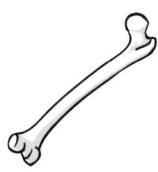

bein
bot

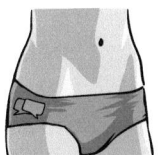

hofte
heup

kne
knie

olboge
elleboog

nase
neus

rumpe
zitvlak

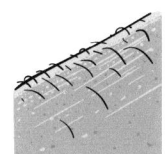

hud
huid

kinn
wang

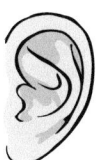

øyre
oor

leppe
lip

kropp - lichaam

munn
mond

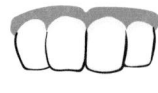
tann
tand

tunge
tong

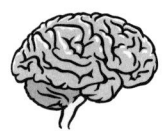
hjerne
hersenen

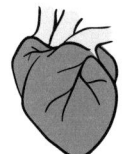
hjarte
hart

muskel
spier

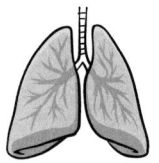
lunge
long

lever
lever

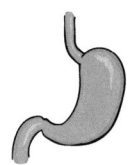
magesekk
maag

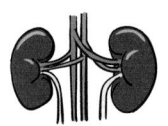
nyrer
nieren

samleie
seks

kondom
condoom

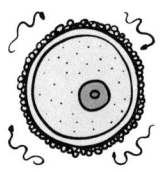
eggcelle
eicel

sæd
sperma

graviditet
zwangerschap

kropp - lichaam

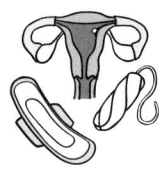

menstruasjon

menstruatie

vagina

vagina

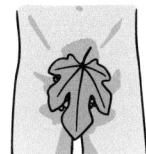

penis

penis

augebryn

wenkbrauw

hår

haar

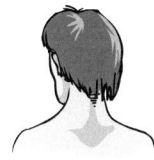

hals

nek

kropp - lichaam

sykehus
ziekenhuis

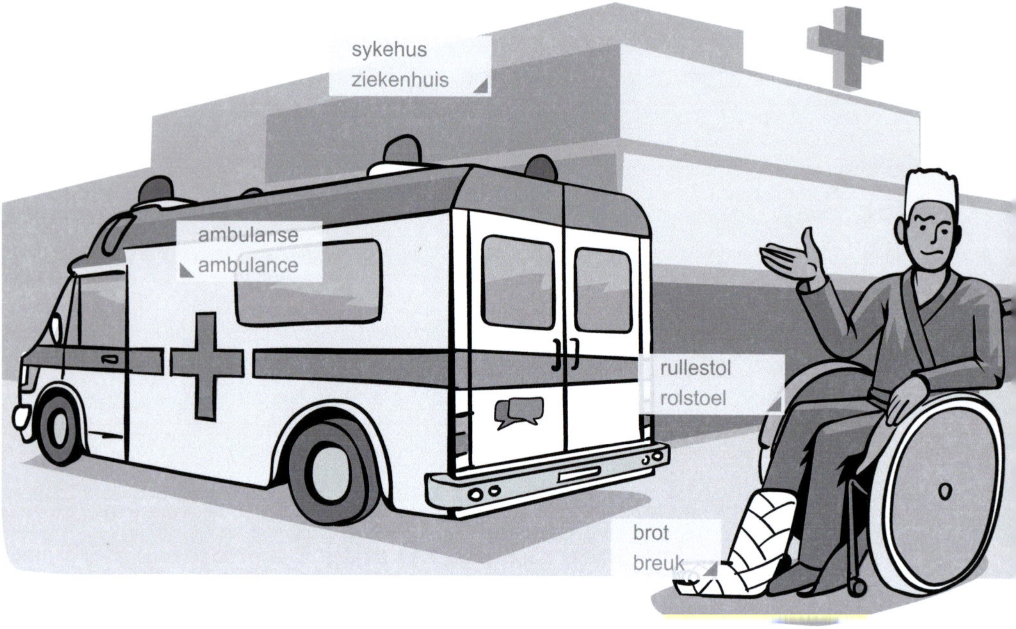

sykehus / ziekenhuis

ambulanse / ambulance

rullestol / rolstoel

brot / breuk

lækjar
dokter

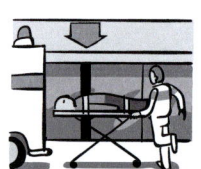

akuttmottak
spoed

sjukepleiar
verpleegkundige

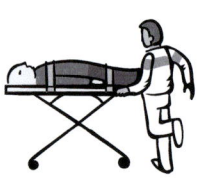

naudsituasjon
noodgeval

medvitslaus
bewusteloos

smerte
pijn

skade
verwonding

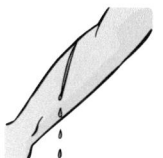
bløding
bloeding

hjarteinfarkt
hartaanval

hjerneslag
beroerte

allergi
allergie

hoste
hoest

feber
koorts

influensa
griep

diaré
diarree

hovudpine
hoofdpijn

kreft
kanker

diabetes
diabetes

kirurg
chirurg

skalpell
scalpel

operasjon
operatie

sykehus - ziekenhuis

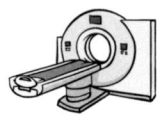
CT
CT

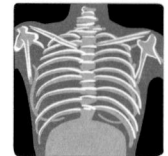
røntgen
röntgenstraal

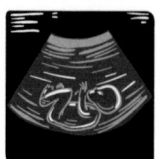
ultralyd
ultrageluid

ansiktsmaske
gezichtsmasker

sjukdom
ziekte

venterom
wachtkamer

krykkje
kruk

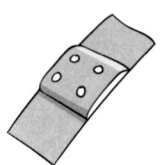
plaster
pleister

bandasje
verband

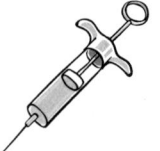
injeksjon
injectie

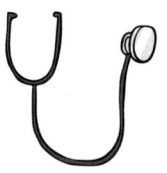
stetoskop
stethoscoop

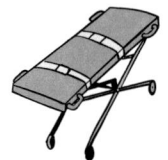
båre
brancard

klinisk termometer
thermometer

fødsel
geboorte

overvekt
overgewicht

sykehus - ziekenhuis

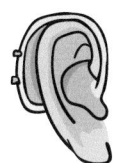
høyreapparat
hoorapparaat

desinfeksjonsmiddel
ontsmettingsmiddel

infeksjon
infectie

virus
virus

HIV/AIDS
HIV / AIDS

medisin
medicijn

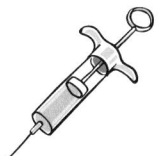
vaksinasjon
vaccinatie

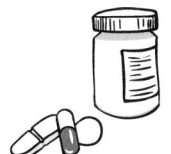
tablettar
tabletten

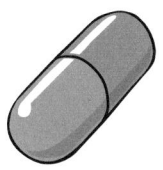
pille
pil

nødanrop
noodoproep

blodtrykksmålar
bloeddrukmeter

sjuk / frisk
ziek / gezond

sykehus - ziekenhuis

naudsituasjon
noodgeval

Hjelp!	alarm	overfall
Help!	alarm	overval
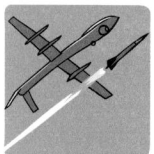		
angrep	fare	naudutgang
aanval	gevaar	nooduitgang

Brann!	brannsløkkingsapparat	ulykke
Brand!	brandblusser	ongeval
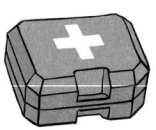		
førstehjelpsskrin	SOS	politi
EHBO-kit	SOS	politie

jorda
aarde

Europa
Europa

Nord-Amerika
Noord-Amerika

Sør-Amerika
Zuid-Amerika

Afrika
Afrika

Asia
Azië

Australia
Australië

Atlanterhavet
Atlantische Oceaan

Stillehavet
Stille Oceaan

Indiahavet
Indische Oceaan

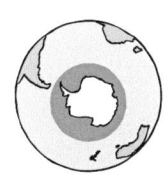

Sørishavet
Antarctische Oceaan

Nordishavet
Arctische Oceaan

Nordpolen
Noordpool

Sørpolen	Antarktis	jorda
Zuidpool	Antarctica	aarde

land	sjø	øy
land	zee	eiland

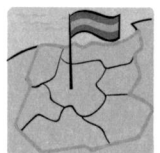 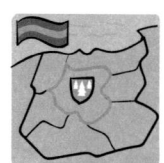

nasjon	stat
natie	staat

klokke
klok

urskive
wijzerplaat

timevisar
uurwijzer

minuttvisar
minuutwijzer

sekundvisar
secondewijzer

Kva er klokka?
Hoe laat is het?

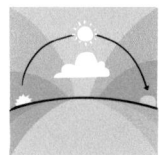

dag
dag

tid
tijd

no
nu

digitalklokke
digitale horloge

minutt
minuut

time
uur

veke
week

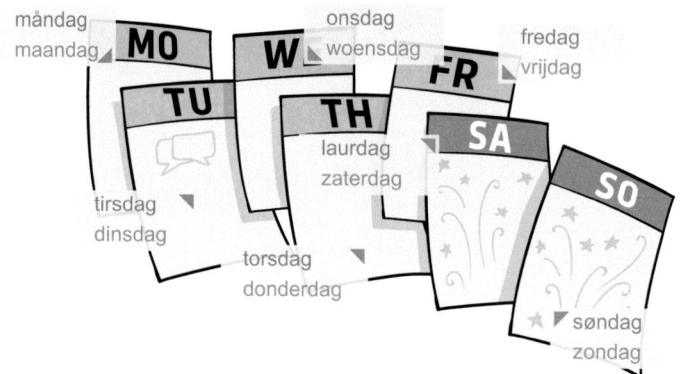

måndag / maandag
onsdag / woensdag
fredag / vrijdag
tirsdag / dinsdag
laurdag / zaterdag
torsdag / donderdag
søndag / zondag

i går
gisteren

i dag
vandaag

i morgon
morgen

morgon
ochtend

middag
middag

kveld
avond

arbeidsdag
werkdagen

helg
weekend

80 veke - week

år
jaar

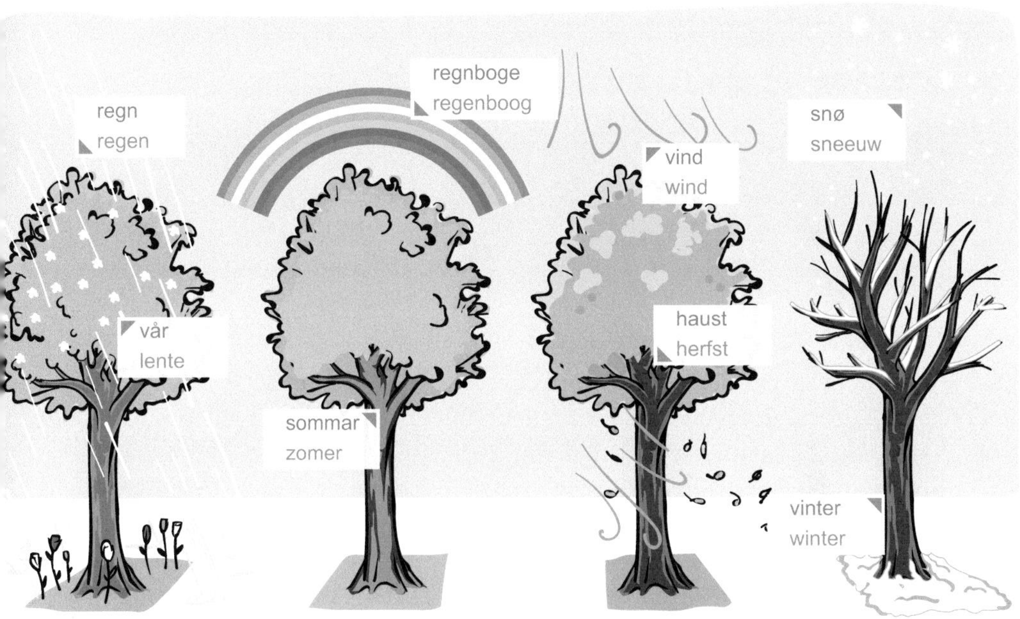

- regn / regen
- regnboge / regenboog
- snø / sneeuw
- vind / wind
- vår / lente
- haust / herfst
- sommar / zomer
- vinter / winter

vêrmelding
weervoorspelling

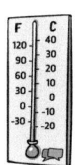

termometer
thermometer

solskin
zonneschijn

sky
wolk

tåke
mist

luftfuktigheit
vochtigheid

lyn	torden	storm
bliksem	donder	storm

 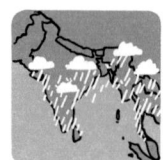 

hagl	monsun	overfløyming
hagel	moesson	overstroming

is	januar	februar
ijs	januari	februari

mars	april	mai
maart	april	mei

 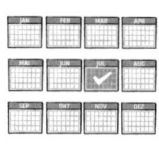 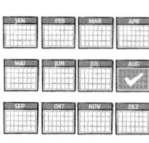

juni	juli	august
juni	juli	augustus

år - jaar

september
september

oktober
oktober

november
november

desember
december

former
vormen

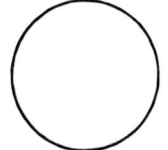
sirkel
cirkel

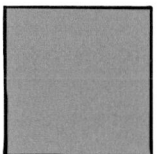
kvadrat
kwadraat

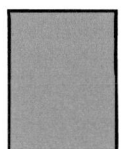
rektangel
rechthoek

triangel
driehoek

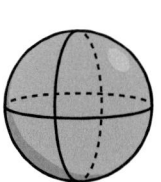
kule
bol

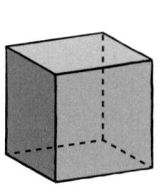
kube
kubus

fargar
kleuren

kvit
wit

gul
geel

oransje
oranje

rosa
roze

raud
rood

lilla
paars

blå
blauw

grøn
groen

brun
bruin

grå
grijs

svart
zwart

motsetnader
tegengestelden

mykje / lite
veel / weinig

sint / roleg
boos / kalm

pen / stygg
mooi / lelijk

start / slutt
begin / einde

stor / liten
groot / klein

lys / mørk
licht / donker

bror / søster
broer / zus

rein / skiten
proper / vuil

fullstendig / ufullstendig

volledig / onvolledig

dag / natt
dag / nacht

død / levande
dood / levend

breid / smal
breed / smal

etande / uetande | ond / snill | begeistra / lei
eetbaar / oneetbaar | kwaadaardig / vriendelijk | opgewonden / verveeld

tjukk / tynn | først / sist | ven / fiende
dik / dun | eerst / laatst | vriend / vijand

full / tom | hard / mjuk | tung / lett
vol / leeg | hard / zacht | zwaar / licht

svolten / tørst | sjuk / frisk | ulovleg / lovleg
honger / dorst | ziek / gezond | illegaal / legaal

 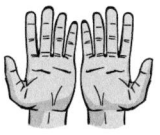 

intelligent / dum | venstre / høgre | nær / langt unna
intelligent / dom | links / rechts | dichtbij / veraf

ny / brukt

nieuw / gebruikt

ingenting / noko

niets / iets

gamal / ung

oud / jong

på / av

aan / uit

open / stengd

open / dicht

lågt / høgt

stil / luid

rik / fattig

rijk / arm

riktig / feil

juist / fout

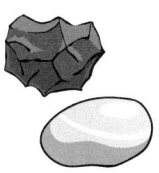

ru / glatt

ruw / glad

trist / glad

droevig / blij

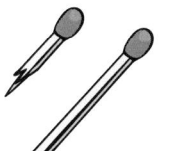

kort / lang

kort / lang

langsam / rask

traag / snel

vått / tørt

nat / droog

varm / lunken

warm / koud

krig / fred

oorlog / vrede

tal
cijfers

0
null
nul

1
ein
één

2
to
twee

3
tre
drie

4
fire
vier

5
fem
vijf

6
seks
zes

7
sju
zeven

8
åtte
acht

9
ni
negen

10
ti
tien

11
elleve
elf

12
tolv
twaalf

13
tretten
dertien

14
fjorten
veertien

15
femten
vijftien

16
seksten
zestien

17
sytten
zeventien

18
atten
achtien

19
nitten
negentien

20
tjue
twintig

100
hundre
honderd

1.000
tusen
duizend

1.000.000
million
miljoen

tal - cijfers

språk
Talen

engelsk
Engels

amerikansk engelsk
Amerikaans Engels

mandarin
Chinees (Mandarijn)

hindi
Hindi

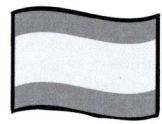
spansk
Spaans

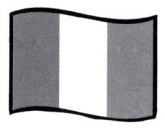
fransk
Frans

arabisk
Arabisch

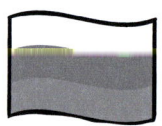
russisk
Russisch

portugisisk
Portugees

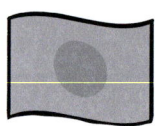
bengali
Bengali

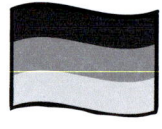
tysk
Duits

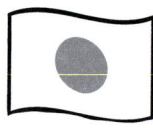
japansk
Japans

kven / kva / korleis
wie / wat / hoe

eg — du — han / ho / det
ik — u — hij / zij / het

vi — de — dei
wij — u — ze

kven? — kva? — korleis?
wie? — wat? — hoe?

kvar? — når? — namn
waar? — wanneer? — naam

kvar
waar

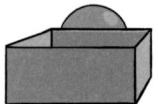

bakom

achter

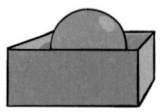

i

in

framfor

voor

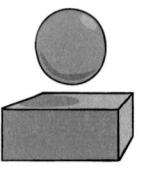

over

boven

på

op

under

onder

ved sida av

naast

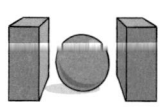

mellom

tussen

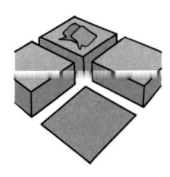

stad

plaats